L'ÉTUDE

DES

SOURCES DU DROIT ROMAIN

LEÇON D'OUVERTURE

DU COURS LIBRE DE SOURCES DU DROIT ROMAIN

FAIT A LA FACULTÉ DE DROIT DE PARIS

PAR

PAUL FRÉDÉRIC GIRARD

AGRÉGÉ DE LA FACULTÉ

Extrait de la *Revue internationale de l'Enseignement*
du 15 juin 1890

PARIS

ARMAND COLIN ET Cⁱᵉ, ÉDITEURS

1, 3, 5, RUE DE MÉZIÈRES

1890

L'ÉTUDE

DES

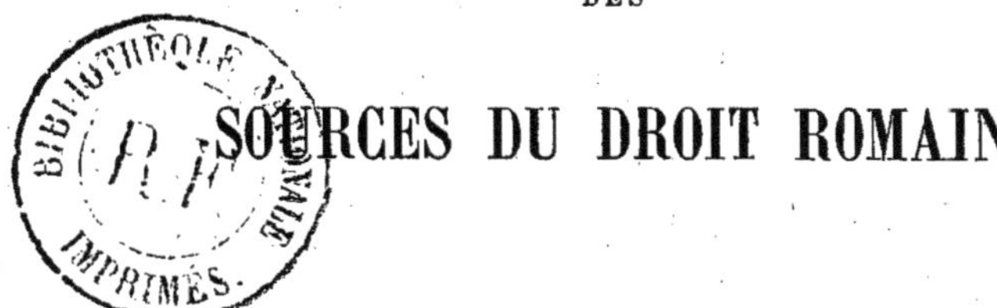

SOURCES DU DROIT ROMAIN

L'ÉTUDE

DES

SOURCES DU DROIT ROMAIN

—

LEÇON D'OUVERTURE

DU COURS LIBRE DE SOURCES DU DROIT ROMAIN

FAIT A LA FACULTÉ DE DROIT DE PARIS

PAR

PAUL FRÉDÉRIC GIRARD

AGRÉGÉ DE LA FACULTÉ

—

Extrait de la *Revue internationale de l'Enseignement*
du 15 juin 1890

—

PARIS

ARMAND COLIN ET CIE, ÉDITEURS

1, 3, 5, RUE DE MÉZIÈRES

—

1890

L'ÉTUDE

DES

SOURCES DU DROIT ROMAIN [1]

J'ai, Messieurs, obtenu l'autorisation de vous faire pendant cette année scolaire un cours libre sur les sources du droit romain. Mon intention est de faire ce cours le moins solennel et le plus familier possible, et, si même j'arrive pleinement à ce que je souhaite, nous trouverons plus tard un moyen quelconque de mettre, à côté du cours en forme où je parle seul, une conférence pratique où nous parlerons tous, où nous pourrons par exemple discuter en commun des questions préparées à l'avance, tantôt par l'un, tantôt par l'autre de vous. Mais il n'en est pas moins nécessaire que je commence aujourd'hui par vous expliquer d'une façon précise l'objet de l'enseignement que je compte vous donner et qui, à ma connaissance, n'a pas encore fait ici la matière d'un cours distinct.

Il est à peine besoin de déclarer que je ne prétends aucunement empiéter sur le programme des cours réguliers de licence ou de doctorat consacrés aux différentes branches du droit privé des Romains. Ainsi qu'il résulte du titre que j'ai choisi, mon cours portera sur les sources du droit romain, sur ce qu'on appelle aussi parfois du nom plus ou moins clair d'histoire externe du droit romain, c'est-à-dire sur l'ensemble des théories qu'on indique sommairement au début de la première année de licence, avant d'aborder les divisions du droit privé. Mais je dois vous dire de suite que mon but exclusif ni même mon but principal ne

(1) Extrait de la leçon d'ouverture du cours libre de sources du droit romain, commencé à la Faculté de droit de Paris, le 11 décembre 1889, par M. Girard, agrégé de la Faculté. — M. Girard a terminé en exposant le plan de son cours et en donnant, comme préliminaire à la bibliographie spéciale qu'il fournira pour chaque matière, une bibliographie méthodique des ouvrages d'ensemble et de référence.

sera pas du tout de reprendre ici, avec des développements plus étendus, les indications forcément superficielles qu'on peut donner, en première année, à des étudiants qui ne savent pas encore dé droit, sur la distinction du *jus scriptum*, et du *jus non scriptum*, sur la façon dont le droit positif a été créé, selon les époques, par la coutume, les lois, les plébiscites, les sénatus-consultes, les constitutions impériales, les édits des magistrats et les réponses des prudents. Naturellement je dirai le nécessaire sur le fonctionnement pratique de ces différentes sources, et je tâcherai de le faire de la manière la plus exacte et la plus conforme à l'état présent de la science. Mais en même temps et surtout j'insisterai beaucoup sur un autre ordre d'idées infiniment plus étranger aux études courantes, quoi qu'il rentre rigoureusement dans la définition des sources et que ce soit même à lui qu'on pense à peu près exclusivement quand on parle d'étude des sources ailleurs qu'en droit romain. A côté du fonctionnement des différentes sources, nous nous occuperons des monuments qui sont venus de chacune d'elles. En même temps que je vous décrirai le mécanisme par lequel elles ont produit des documents juridiques, je vous expliquerai les procédés que l'on doit employer pour rechercher ces documents, pour les reconstituer dans leur physionomie originale et les replacer à leur date historique.

C'est là, je crois, un enseignement qui complétera, et même qui complétera très utilement vos connaissances actuelles de droit romain, non pas directement, en vous faisant apprendre de nouveaux détails sur telle théorie isolée, mais indirectement, en vous instruisant des méthodes par lesquelles on les étudie toutes, en vous munissant d'un outillage spécial qu'il est très difficile de se procurer à soi-même, sans suivre un enseignement systématique, et à défaut duquel il est absolument impossible de faire des travaux personnels ayant une valeur et une tournure scientifiques.

En effet, par cela seul que l'étude du droit romain n'est pas celle d'un droit en vigueur, mais celle d'une législation morte, et d'une législation morte qui a vécu des siècles, elle réclame l'emploi d'instruments particuliers dont on n'a presque jamais à se servir dans l'analyse des lois actuelles et qui présentent une parenté visible avec ceux de la philologie et des sciences auxiliaires de l'histoire. Il y faut prendre l'habitude de se poser et la capacité de résoudre une quantité de questions techniques parfaitement étrangères aux études de droit moderne, qui se rattachent à des disciplines très diverses, mais qui, en réalité, dans le langage le plus large, peuvent se ramener à deux points de vue : celui de la restitution des documents et celui de leur classement chronologique, et qui constituent le domaine essentiel de la crit que des sources.

I

En ce qui concerne la restitution des documents, vous savez tous que les textes mêmes qui nous sont parvenus en tout ou partie dans leur forme originale, soit par des inscriptions, soit par des manuscrits, n'ont pas, dans ces inscriptions ou ces manuscrits, l'aspect simple et commode sous lequel nous les rencontrons dans les ouvrages imprimés. Il y a des difficultés de lecture qui doivent être surmontées, des corruptions qui doivent être corrigées, des lacunes qui doivent être comblées, dans la mesure du possible, par un travail préalable, qui dépend de l'épigraphie quand il s'agit d'inscriptions, de la paléographie quand il s'agit de manuscrits. Or, si nous n'avons pas besoin de faire tous ce travail, il nous est indispensable d'en avoir une notion générale, non seulement pour discuter, mais pour entendre les problèmes qui s'y rapportent. Il est, par exemple, bien impossible de comprendre comment l'on invoquait autrefois le § 201 du commentaire II de Gaius dans un sens et comment on l'invoque aujourd'hui dans le sens inverse si on ne sait pas l'histoire du manuscrit des Institutes de Gaius. C'est de la dernière simplicité si l'on sait que ces institutes nous ont été transmises par un manuscrit palimpseste unique d'une lecture très difficile, découvert et déchiffré au début du siècle, si l'on sait qu'après les premiers déchiffrements on a cru longtemps impossible d'en rien tirer de nouveau, mais qu'il a été, de notre temps, soumis à une révision d'ensemble qui y a modifié des séries de passages, par exemple celui-là, par exemple celui sur l'incapacité de la fille en puissance, par exemple un autre moins connu sur l'absence, dans l'édit prétorien, de disposition générale relative à l'infamie. Si on ne le sait pas, c'est un problème insoluble. De même, il y a telle controverse sur la condition des Latins Juniens qui est inséparable du texte dans lequel nous sont parvenues les Règles d'Ulpien. Jusque dans l'interprétation des compilations de Justinien, combien n'y a-t-il pas de méprises dont il serait aisé de se garder, si l'on avait bien présent à l'esprit le mode de transmission du texte de ces compilations, si notamment on se rappelait toujours que la ponctuation des lois et leur division en paragraphes ne sont que des additions faites après coup, émanant pour la plupart des Bolonais !

Mais ce n'est là que la moindre difficulté que je voulais signaler en parlant de la restitution des documents. Les monuments qui nous sont arrivés dans leur forme primitive comme les Institutes de Gaius, comme certaines lois, comme certaines constitutions impériales, sont de beaucoup les moins nombreux. Pour la plupart de ceux que nous aurions le plus d'intérêt à connaître, il ne nous est parvenu que des indications isolées, des citations incidentes, des débris mutilés, qu'il faut pourtant entreprendre de remettre en ordre si l'on veut arriver à une vue quelque peu sérieuse de la littérature juridique de Rome.

Ainsi, parmi les textes des jurisconsultes, les plus nombreux ne nous ont été transmis que fragmentairement, dans des compilations indépendantes où ils ont été morcelés et défigurés selon des besoins étrangers à leur destination première. C'est le cas des extraits des Sentences de Paul contenus dans la loi des Wisigoths. C'est en réalité le cas du manuscrit du Vatican des Règles d'Ulpien, qui ne contient qu'un abrégé de l'ouvrage original avec lequel les habitudes de langage le font souvent confondre. C'est ce qui arrive aussi pour les textes admis dans la *Collatio*, dans la *Consultatio* et même dans les fragments du Vatican. C'est ce qui arrive surtout pour la collection qui est à elle seule plus riche que toutes les autres mises ensemble, pour le Digeste de Justinien, dans lequel les fragments de jurisconsultes n'ont été insérés que par coupures, tronqués et remaniés, avec des infinités d'interpolations et de radiations.

Cela n'a peut-être pas une importance extrême lorsqu'on veut se contenter de connaître l'un des recueils ainsi composés et la phase juridique qu'il exprime, d'étudier par exemple le droit de Justinien dans le Digeste. Alors on n'a pas besoin de trop se mettre en peine de séparer et de distribuer les éléments divers. Tout au plus peut-on noter que tel texte vient de Labéon et tel autre d'Hermogénien, tel d'Ulpien et tel de Paul, comme on remarque aujourd'hui que telle disposition du code civil est empruntée à la coutume de Paris et telle autre à une ordonnance, que les compilateurs de 1804, qui d'ordinaire ont suivi Pothier, ont dû chercher un autre guide pour certains titres où il leur faisait défaut. Ce n'est certes pas inutile. Cela peut parfois être très avantageux pour l'interprétation. Mais enfin ce n'est là qu'une observation accessoire, d'ordre secondaire.

Les proportions sont renversées et l'accessoire devient le principal si l'on prend la compilation pour instrument et non plus pour fin, si derrière elle on veut retrouver les textes compilés, si, au lieu du droit d'une époque, du droit de Justinien. on veut étudier le droit romain. Alors il faut, avant tout autre travail d'interprétation, à l'aide des matériaux fournis par le Digeste, par les lois barbares, par les recueils privés, par tous les autres témoignages, rétablir dans leur ordre et leur contexte les divers ouvrages de chaque jurisconsulte, fixer les doctrines propres de chacun, les livres dans lesquels il les a exprimées et la structure même de ces livres. Ce sont là des recherches qui sont très loin d'être arrivées à leur terme, qui ne font que commencer à être reprises méthodiquement après un long abandon, et qui d'ailleurs, précisément pour cela, n'ont jamais été plus attrayantes, qui ont déjà donné d'excellents résultats, souvent trop peu connus chez nous, et qui en promettent encore de meilleurs, mais qui, vous le comprendrez sans peine, exigent des investigations singulièrement délicates et minutieuses.

Il n'en est pas autrement pour les lois. Il y en a quelques-unes dont le texte nous a été transmis gravé sur la pierre ou sur le bronze et pour lesquelles les principales difficultés sont des diffi cultés de déchiffrement que la science épigraphique sait fort bien résoudre. Mais il y en a d'autres, parmi lesquelles les plus importantes pour le droit privé, dont nous n'avons pas le texte authentique, dont il faut s'efforcer de rétablir les termes et surtout le sens par un dépouillement raisonné de toute la littérature juridique et extrajuridique. Ainsi, par exemple, nous n'avons pas les Douze Tables. Mais nous en avons une multitude de citations plus ou moins textuelles, plus ou moins sûres, dont le triage et le groupement étaient la condition préalable de toute étude critique de la législation décemvirale. Il en existe aujourd'hui des relevés excellents qu'on serait impardonnable d'ignorer. D'autre part, l'habitude est prise depuis longtemps de les disposer dans des restitutions artificielles aux traits arrêtés et aux divisions rigides, qu'il est aussi simple de respecter pour la commodité des citations, mais dont il faut connaître les procédés conventionnels, justifiables en quelques points seulement, arbitraires en beaucoup, si l'on ne veut courir le risque de prendre pour des données acquises de pures fantaisies d'interprètes. Là, comme pour bien d'autres lois restituées, comme par exemple pour ces lois caducaires sur lesquelles s'est tant exercée l'activité des anciens commentateurs, il ne s'agit ni de tout nier ni de tout croire, mais de se mettre en état de tout apprécier soi-même par une connaissance suffisante des conclusions et de la méthode des travaux existants.

L'ignorance des résultats et des procédés des recherches modernes serait encore plus nuisible relativement à ceux des édits des magistrats qui ont incomparablement l'importance juridique la plus haute, relativement aux édits des préteurs et des édiles curules codifiés sous Hadrien par Julien. La codification de Julien ne nous est pas parvenue. Des deux parties que contenait l'album, les édits au sens strict où le magistrat annonçait ce qu'il ferait dans un cas donné, et les formules d'actions, d'exceptions et de stipulations, dont il mettait les modèles concrets à la disposition du public, les fragments des commentaires insérés au Digeste ne nous ont conservé que quelques édits plus ou moins mutilés. Les formules y ont été systématiquement effacées. Et cependant, presque exclusivement à l'aide de ces commentaires, on est arrivé à rétablir la teneur originale de nombre d'édits et même de formules. On a surtout reconstitué avec une certitude absolue, et pour ainsi dire sans lacunes, l'ordre et le plan de l'édit perpétuel d'Hadrien qui sont en réalité bien plus sûrement connus aujourd'hui que ceux des Douze Tables. Et ce travail a conduit à son tour, au point de vue de la restitution des écrits des jurisconsultes, à des résultats vraiment surprenants : il a fait retrouver, dans les commentaires de l'édit, des massifs de textes relatifs à des institutions disparues sous Justinien — action *fiduciæ*, action *de modo agri, receptum argentarii*, stipulation *pro præde litis et vindiciarum*, etc. — qui avaient été reportés par les compilateurs byzantins à des institutions plus ou moins voisines encore en vigueur et dont une critique pénétrante a fait tout dernièrement reparaître la teneur primitive à travers son déguisement séculaire, un peu comme un traitement chimique intelligent fait ressusciter la première écriture d'un palimpseste sous les caractères qui l'ont recouverte.

Ces exemples suffisent à montrer comment les textes juridiques peuvent et doivent se restituer selon des procédés qui se rapprochent singulièrement de ceux employés pour la restitution des textes littéraires, mais qui cependant conservent leur part d'originalité distincte. Les règles à suivre pour la classification chronologique de ces textes sont exactement dans le même rapport avec les règles de la chronologie générale.

II

Nulle part la nécessité d'instruments étrangers aux recherches de droit positif n'est, je crois, plus manifeste que pour la détermination de la date des monuments du droit. Il est trop clair que, faute de connaître, au moins sommairement, les règles de la chronologie romaine, faute d'avoir au moins une notion d'ensemble de la façon dont les Romains ont compté leurs années, les diversités de computation qui existent entre les différentes sources, du canon courant généralement admis aujourd'hui, on ne peut obtenir ni vérifier soi-même les dates dont on a besoin, on est réduit à admettre à peu près aveuglément les chiffres donnés par autrui et l'on s'habitue forcément à ne plus même essayer de comprendre le raisonnement sur lequel ils s'appuient. Or il n'y a pas de crédulité qui se paie plus chèrement, qui condamne à de plus lamentables méprises.

La méprise de ce genre la plus piquante que j'aie notée est relative à une loi bien connue, à la loi Aquilia sur les dommages matériels injustement causés à autrui, qui, comme vous pouvez savoir, est assez fréquemment attribuée à l'an 467 ou 468 de Rome. Il est arrivé, il y a quelques années, qu'une faute typographique a fait imprimer, dans un ouvrage fort répandu, 408 au lieu de 468. Et les dates s'accueillent avec si peu de contrôle que cette distraction de compositeur a suffi pour créer une sorte de tradition dans des travaux qui, par définition, ne doivent pas être tout à fait des exercices d'écoliers. On peut dès aujourd'hui relever un nombre respectable de thèses de doctorat de Paris et de province, dont les auteurs ont reproduit avec sérénité la date de 408 sans soupçonner qu'ils attestaient par là le caractère inintelligent et mécanique de leur travail. Mais il ne faudrait pas croire que les exemples de pareilles transmissions ne se rencontrent que dans les thèses de doctorat. Les indications de dates sont, on peut le dire hardiment en faisant les exceptions de personnes qu'il convient, les allégations qui, dans toute la littérature juridique, se transmettent avec le moins de vérifications ou de réserves. Ainsi la loi Aquilia, dont je viens de parler, n'est elle-même placée à l'époque qu'on lui donne d'ordinaire qu'en vertu de témoignages, d'ailleurs contestables, qui la rattachent à la sécession de la plèbe terminée par le vote de la loi Hortensia, et la date de la loi Aquilia peut et doit donc, dans ce système, vaciller avec celle de la loi

Hortensia, qu'on place parfois en 468, plus souvent en 467, mieux et plus sûrement entre 465 et 468. Mais il arrive que les oscillations ne concordent pas. Parmi les jurisconsultes qui citent les deux lois, il y en a, et de fort instruits, qui se souviennent si peu de l'argumentation par laquelle se détermine l'âge de la seconde loi, qu'ils donnent une date pour l'une et une date pour l'autre, qu'ils placent l'une en 467 et l'autre en 468, ou encore, comme l'auteur d'un bon manuel d'Institutes publié l'an dernier en Autriche, qu'ils localisent correctement la loi Hortensia entre 465 et 468 et donnent toujours pour la loi Aquilia la date précise de 467, ce qui revient à dire qu'elle a été votée en 467 après une sécession qui a peut-être eu lieu seulement en 468. De même il y a une loi du temps d'Auguste, relative au chiffre des affranchissements testamentaires, que l'on croyait jadis se nommer Furia Caninia et que l'on plaçait pour cette raison en l'an 761 de Rome où l'on trouvait un consul nommé Furius, mais du reste pas de Caninius. Il est aujourd'hui certain qu'elle s'appelle Fufia Caninia et que par conséquent elle n'a rien à faire avec le consul Furius. Mais il existe des quantités d'ouvrages sérieux, aussi bien à l'étranger qu'en France, qui appellent correctement la loi Fufia mais qui continuent à l'attribuer, par survivance, à l'an 761 où il n'y a ni Fufius ni Caninius. Pour citer de ces survivances un dernier exemple encore plus frappant, il y a non plus une loi, mais tout un peloton de lois relatives au cautionnement, — loi Apuleia, loi Furia, loi Publilia, — dont Gaius parle à deux reprises, dans la théorie des contrats et dans celle de la procédure, et qu'il montre, la seconde fois par son langage, être antérieures à une loi modificative de la procédure d'exécution qu'on croyait autrefois s'appeler Valeria et qu'on plaçait alors assez volontiers en l'an 412. Par suite, on se croyait généralement obligé de mettre les lois relatives au cautionnement dans une période antérieure à 412, où on les rattachai à des noms propres arbitrairement choisis : la loi Apuleia à un tribun de l'an 364, la loi Publilia à un tribun de vers 371, la loi Furia à un dictateur de l'an 409. Depuis, une meilleure lecture du manuscrit de Gaius a appris que la loi Valeria s'appelait en réalité Vallia. D'autres indices ont été discernés qui ne permettent guère de faire remonter cette loi Vallia plus haut que la seconde moitié du vi° siècle. Mais le groupe de lois relatives au cautionnement reste encore, chez beaucoup d'auteurs, échoué, comme une sorte de bloc erratique, dans le milieu juridiquement à peu près désert où la prétendue loi Vallia l'avait fait rejeter. J'ai trouvé la loi Apuleia attribuée au tribun de 364, la loi Publilia au tribun de 371, et la loi Furia au dictateur de 409, dans une histoire du droit romain publiée en 1889.

Afin d'éviter ces hypothèses reproduites par routine alors même que leur prétexte a disparu, afin d'éviter aussi d'autres incorrections plus minces et encore plus nombreuses, comme par exemple celles qui viennent d'erreurs de calcul des auteurs anciens déjà depuis longtemps rectifiées, de la fusion dans un même livre de dates empruntées à des systèmes chronologiques différents, il faut nécessairement se mettre en état de vérifier soi-même ses dates, absolument comme, si l'on n'est pas un pur copiste, on vérifie soi-même les renvois et les calculs qu'on trouve dans les ouvrages d'autrui. Cela suppose évidemment comme condition première et indispensable qu'on aie de la chronologie technique une intelligence suffisante pour pouvoir, sans trop d'embarras, se reconnaître dans les sources romaines et dans les ouvrages spéciaux où elles sont analysées. Mais, pas plus en matière de chronologie qu'en matière de restitution des textes, il ne faudrait croire que le droit romain puisse se contenter d'emprunter purement et simplement, sans y rien changer, les données obtenues par les sciences voisines. Il existe, au fond, une chronologie juridique distincte, dont la tâche commence précisément où s'arrête celle de la chronologie historique générale.

La chronologie historique suffit à fixer la date des constitutions impériales datées du consulat de personnages déterminés, des lois et des sénatus-consultes rendus sous le consulat de personnages déterminés, et pour lesquels il n'y a qu'à remplacer les noms par le chiffre de l'année à laquelle ils correspondent. Elle peut encore, sauf à s'expliquer sur les cas dans lesquels cela existe, servir à dater les lois et les sénatus-consultes dont le nom est sûrement emprunté aux magistrats d'une année déterminée. Elle peut aussi fixer des dates précises dans la vie d'un personnage qui a occupé des fonctions publiques, qui est signalé, soit par les historiens soit par les inscriptions, comme ayant été dans telle situation à une année donnée, de sorte qu'avec les règles sur la succession des magistratures romaines, on peut déduire de là l'âge minimum qu'il avait alors, les magistratures qu'il a occupées auparavant et la date la plus rapprochée à laquelle il a pu le faire, la date la plus rapprochée à laquelle il a pu revêtir celles qu'il a occupées ensuite.

Tout cela est très net et très précieux. Mais cela ne suffit pas, à beaucoup près. Il y a des lois d'importance capitale pour le droit civil dont les historiens ne nous parlent pas parce qu'ils ne s'occupent guère que d'histoire politique ou militaire, et dont, malgré l'abus extraordinaire qu'on a fait des identifications hypothétiques, le nom ne permet aucunement de soupçonner la date. Il y a des jurisconsultes qui n'ont jamais été fonctionnaires et dont ne parlent ni les inscriptions ni les historiens. Enfin, quand les inscriptions et les historiens parlent des jurisconsultes, c'est pour rapporter des actes politiques, pour retracer leur carrière officielle, ce n'est pas pour faire la bibliographie de leurs ouvrages, et par conséquent, même quand ils donnent les dates de leurs vies, ils ne donnent pas celles de leurs livres.

Afin de combler toutes ces lacunes, il faut recourir à de nouvelles méthodes de calcul qui supposent connue la chronologie historique et qui en procèdent, mais qui opèrent sur ses données à l'aide d'autres éléments, qui partent d'elles pour arriver à d'autres conclusions plus lointaines.

Il faut, par exemple, chercher, dans les monuments datés, les vestiges qui impliquent l'inexistence de telle loi, ceux qui impliquent son existence, de façon à déterminer les moments extrêmes entre lesquels elle peut se placer.

Il faut faire la même recherche pour les dispositions de l'édit qui, avant d'entrer dans la rédaction définitive de Julien, ont pénétré les unes après les autres dans l'album, chacune à sa date fixe, que l'on peut parfois localiser entre deux époques très voisines, que l'on peut toujours enfermer entre des moments extrêmes.

Il faut aussi, afin d'asseoir la biographie des jurisconsultes, afin de sérier leurs ouvrages, relever dans ces ouvrages les particularités qui les classent avant ou après d'autres, qui supposent l'existence ou l'inexistence de telle disposition législative, l'avènement ou le décès de tel prince.

Et on aurait tort de croire que les résultats qu'on obtient de la sorte soient de peu de valeur. A ne parler que de la vie des jurisconsultes et pour prendre un exemple qu'il vous sera facile de vérifier dans des ouvrages de langue française, il y a un jurisconsulte que vous connaissez tous et dont ne parle aucun autre jurisconsulte romain, dont parlent encore bien moins les auteurs littéraires ou les inscriptions, dont le nom apparaît pour la première fois dans des constitutions impériales de trois cents ans postérieures à son époque. C'est le jurisconsulte Gaius. Or, à l'aide des seuls renseignements fournis par ses œuvres, on peut affirmer : qu'il est né au plus tard entre l'an 117 et l'an 138 après J.-C.; car il relate comme ayant eu lieu de son vivant un fait qui

s'est passé sous Hadrien élevé à l'empire en 117 et mor; en 138;
— qu'il a commencé ses institutes avant l'an 161 et qu'il les a
terminées après; car Antonin le Pieux est mort en 161, et il le
suppose vivant dans le livre I et le commencement du livre II, où
il l'appelle *imperator*, et il le suppose mort à la fin du livre II, où
il l'appelle *divus* (un procédé de détermination d'un usage très
précieux et que nous retrouverons bien des fois); — qu'il avait
écrit auparavant d'autres ouvrages qui sont cités dans ses institutes; — qu'il en a publié depuis un certain nombre d'autres qui
portent des traces de postériorité; — enfin qu'il était encore vivant
et qu'il a continué à écrire après l'an 178; car le sénatus-consulte
orfitien est de l'an 178 et nous possédons des extraits d'un commentaire de ce sénatus-consulte écrit par lui.

Vous voyez qu'en résumé on arrive ainsi, exclusivement avec
les indications contenues dans les écrits de Gaius, à déterminer
approximativement les dates essentielles de sa vie, les phases de
son activité scientifique, aussi sûrement que nous pourrions faire
pour une foule de légistes du moyen âge ou des temps modernes.
Et ce que je viens de vous montrer là pour les œuvres de Gaius
est vrai pour celles de l'immense majorité des jurisconsultes. De
même qu'en paléographie il y a très peu d'écritures de l'ancienne
France qu'on ne puisse pas localiser dans une période d'un
demi-siècle, il y a en chronologie juridique très peu de textes
de jurisconsultes romains qu'on ne puisse pas enfermer avec certitude dans une période au plus égale, ordinairement beaucoup
plus courte.

Vous pourrez même remarquer comment, pour l'histoire de la
jurisprudence romaine, — comme d'ailleurs pour celle de la pro-
duction législative de la République ou de la formation progres-
sive de l'édit, — les résultats du travail chronologique viennent
se joindre à ceux du travail de restitution dont j'ai parlé en pre-
mier lieu; comment ils permettent de refaire la véritable histoire
des doctrines juridiques en fixant l'époque à laquelle chaque
théorie a surgi, à laquelle chaque auteur l'a admise ou repoussée,
en établissant l'ordre de succession des atténuations ou des exten-
sions qui y ont été apportées par les uns ou les autres avant qu'elle
prît sa forme définitive. C'est à cela surtout que je pensais tout à
l'heure quand je vous parlais de l'intérêt extrême du travail qui
est en train de s'accomplir en vue de trier et de classer la totalité
des documents relatifs aux divers ouvrages des jurisconsultes.
C'est un moyen de refaire à un point de vue nouveau, avec des
procédés tout différents de ceux de l'argumentation courante,

l'étude d'une bonne partie des questions de droit romain. Et il y a là, soit dit en passant, une mine d'une richesse singulière pour les jeunes jurisconsultes en quête de sujets moins usés que l'énumération consciencieuse des opinions exprimées depuis les glossateurs jusqu'à nos jours sur la distinction des servitudes urbaines et rustiques ou sur l'interprétation de la loi 40 *De rebus creditis*.

Naturellement je ne pourrai pas, en un cours hebdomadaire d'une année, vous indiquer toutes les applications qui peuvent être faites de ces procédés minutieux de restitution et de classement à des documents qui se rapportent à toutes les sources du droit, c'est-à-dire à toute la littérature juridique des Romains. Mais je crois, en revanche, très possible de vous donner une vue d'ensemble de cette littérature et de la méthode par laquelle s'en datent et s'en reconstituent les divers éléments. J'essaierai de vous donner des principes généraux pour la solution des difficultés capitales, de vous faire connaître sur chaque question les ouvrages fondamentaux, et, avec ces principes, avec ces ouvrages, je crois en somme fort possible de vous mettre en état d'aborder vous-mêmes les points de droit romain qui vous intéresseront en sachant où trouver vos matériaux et comment en déterminer la date et la provenance. Or je vous assure que, si nous arrivons à cela, ni vous ni moi n'aurons perdu notre temps ; car si ce n'est pas là toute la science, c'en est au moins la condition préalable essentielle.

Paris. — Typ. G. Chamerot, 19, rue des Saints-Pères. — 26188

PARIS

TYPOGRAPHIE GEORGES CHAMEROT

19, RUE DES SAINTS-PÈRES, 19

9 782019 263164